YOGA FOR FUTURE

AF221104

Für Mohini

HARDY FÜRCH

YOGA FOR FUTURE

Yoga in Zeiten der Corona- und Klimakrise

Manifest

SDG

Bibliografische Information der Deutschen Nationalbibliothek:
Die Deutsche Nationalbibliothek verzeichnet diese Publikation
in der Deutschen Nationalbibliografie;
detaillierte bibliografische Daten sind im Internet
über http://dnb.de abrufbar.

© 2020 Hardy Fürch

Umschlagdesign, Satz, Herstellung und Verlag:
BoD – Books on Demand, Norderstedt

ISBN: 978-3-7519-2087-2

INHALT

Ihr Herz war 1000 Pforten des Einsseins
Sri Aurobindo (aus seinem Epos *Savitri*)

VORWORT

Wo aber Gefahr ist, wächst das Rettende auch!
Friedrich Hölderlin

Was Hölderlin vor über 200 Jahren aufgeschrieben hat, ist eine grundlegend optimistische Perspektive: Das Rettende wächst bei Gefahr, das Rettende ist sozusagen die andere, die helle Seite des Dunklen. In Anbetracht der aktuell kursierenden Dystopien, die eher mut- und hilflos machen, ist das von essentieller Bedeutung.

Aber ausgerechnet Yoga? Yoga for Future? Was hat Yoga mit den (globalen) ökologischen, sozialen und pandemischen Krisen und deren Bewältigung zu tun? Was kann ausgerechnet Yogapraxis in Anbetracht der Covid-19-Pandemie, des galoppierenden Artensterbens, weltweit brennender Wälder, angesichts der bedrohlichen Klimakrise und des nationalistischen und des die (menschengemachte) Klimakrise leugnenden Rechtspopulismus tatsächlich bewirken?

Bietet Yoga nachhaltige Möglichkeiten, sich diesen globalen Mega-Krisen entgegenzustemmen, gar zu Lösungen beizutragen? – Ja!

Im Folgenden wird aufgezeigt, dass Yoga uns körperbezogene, psychologische und – wer will – spirituelle Methoden und ganzheitliche Praxen zur Verfügung stellt, um Hilfestellung zu geben, diesen globalen Herausforderungen einer nachhaltigen Lösung zuzuführen. Yoga für eine global gerechte, resiliente[1] und enkeltaugliche Zukunft. Empathie und Mitgefühl sind die Schlüssel.

DIE MÖGLICHKEITEN DES YOGA

Willst du wissen, wer du warst,
so schau, wer du bist.
Willst du wissen, wer du sein wirst,
so schau, was du tust.
Buddha

Yoga hat sich in den letzten 50 Jahren von seiner ursprünglich hinduistischen Praxis gelöst und in weiten Teilen eine säkulare Transformation durchlaufen. Daher kann Yoga grundsätzlich in jedem religiösen, philosophischen oder sozialen Kontext praktiziert werden. So finden wir heute Yogapraktizierende bei CEOs, orthodoxen Juden, Fußballspielern, spirituell Suchenden oder ausgewiesenen Atheisten, weil ein gesunder Körper und eine gesunde Psyche, ein klarer Geist und ein starker Wille sowie eine spirituelle Sehnsucht eingeübt werden können, ohne sich eine bestimmte Weltanschauung aneignen zu müssen. Yoga erscheint daher als ideale Transformationspraxis für jedefrau und jedermann an jedem Ort – und damit auch die ideale unterstützende Methode, um insbesondere dem grassierenden Rechtspopulismus wirksam entgegenzutreten und die Klima- und die Corona-Krise zu meistern.

DIE YOGA-MATRIX

Yoga ist eine ganzheitliche Praxis. Die Yoga-Werkzeuge betreffen Physis, Psyche, Mental[2] und, wer möchte, den spirituellen Raum[3]. Yoga ist damit eine ganzheitliche Matrix für Veränderung. Wobei hier schon erwähnt werden muss, dass die einzelnen Bereiche nicht isoliert betrachtet werden können, weil sie sich gegenseitig durchdringen und beeinflussen. Im Einzelnen werden die (integralen) Werkzeuge der Yoga-Matrix und deren Anwendungsbereich (stark vereinfacht) wie folgt beschrieben:

- Körperhaltungen/-übungsreihen, → Physis
  Asana/Vinyasa
- Atembetrachtung/-kontrolle, → Psyche
  Pranadharana/Pranayama
- Konzentration/Meditation, → Mental
  Dharana/Dhyana

Yogapraxis findet in der Welt, in einem gesellschaftlichen Kontext statt. Dieser Kontext ist von Handelnden geprägt, die sich immer in einem moralischen bzw. ethischen Kontext bewegen. Yogapraxis findet damit nicht nur in einem „Welt-Innenraum", sondern gleichfalls in der Gesellschaft statt. Für Yoga-Praktizierende stellt sich daher immer auch die Frage: *Was soll ich tun?* Hier kommt die Ethik ist Spiel. Denn Ethik befasst sich vornehmlich mit dem moralischen Tun. Im Rahmen der Yoga-Matrix sollen an dieser

Stelle zwei yoga-spezifische ethische Rahmen behandelt werden: die Yamas und Niyamas, explizit die in dem Yoga Sutra Patanjalis[4]; und berufsethische Richtlinien, explizit die des BDY (Berufsverband der Yogalehrenden in Deutschland). Dies deshalb, weil zum einen die Yamas und Niyamas Patanjalis sehr oft zitiert werden, wenn es um eine spezielle Yoga-Ethik geht; weil zum anderen diese berufsethischen Richtlinien ausdrücklich das gesellschaftliche Engagement von Yogalehrenden mit umfasst.

Die Yamas und Niyamas in dem Yoga Sutra wurden vor ca. 2000 Jahren in einem gesellschaftlichen und geschichtlichen Kontext verfasst, im dem Religion und Moral/Gesetzgebung in weiten Bereichen noch nicht differenziert waren. Zudem waren sie eher für Sadhus (indische Mönche) gedacht, also nicht für das aktive Leben (in einer patriarchalen Gesellschaft). Die Gesellschaften waren damals auch noch nicht so emanzipatorisch organisiert, dass sich jedefrau und jedermann wirksam einbringen konnte. Es ist daher bei der Betrachtung der Yamas und Niyamas sinnvoll, hier eine spezielle Auswahl vorzunehmen, die zeitlich und kulturell eher universellen Charakter hat:

- *Ahimsa*/Gewaltlosigkeit
- *Satya*/Wahrhaftigkeit
- *Asteya*/Nicht-Stehlen
- *Aparigraha*/Nicht-Horten
- *Samtosha*/Zufriedenheit

Die weltanschaulich neutralen, in der heutigen Zeit konzipierten berufsethischen Richtlinien des BDY erfassen ausdrücklich auch das gesellschaftliche Engagement der Yogalehrenden. Diese Postulate sind jedoch durchaus auch allgemein für Yoga *praktizierende* eine Richtschnur. In der Nr. 10 der Richtlinien heißt es folgendermaßen:

Über die individuelle Praxis hinaus tragen Yogalehrende dazu bei, dass die Verantwortung für den Zusammenhalt der Gesellschaft und den Erhalt der natürlichen Lebensgrundlage gesehen wird. Sie richten daran ihr gewaltfreies Handeln aus und zeigen praktische Solidarität mit den Mitmenschen. Sie streben an, mit der Vielschichtigkeit der Gesellschaft und der Vielfalt von Kulturen offen, einfühlsam und kritisch umzugehen und ihren Beitrag zur Weiterentwicklung einer solidarisch-demokratischen Gesellschaft zu leisten.

Hier werden explizit der Zusammenhalt der Gesellschaft und der Erhalt der natürlichen Lebensgrundlagen angesprochen. Das formt sich passgenau in die Forderungen der Fridays-for-Future-Bewegung ein, die ihrerseits als Matrix für einen „Yoga for Future" dienen sollen.

DIE YOGA-MATRIX LEBEN

ETHISCHE GRUNDLAGEN

Ethik ist wichtiger als Religion.
XIV. Dalai Lama

Jedes bewusste Handeln hat eine bestimmte innere Haltung als Grundlage. Im vorliegenden Kontext heißt das: eine bestimmte Ethik. Eine Ethik, die wir innerhalb der Yoga-Matrix finden können: Die oben angeführte (Berufs-)Ethik und die Auswahl der Yamas und Niyamas.

Es gibt mittlerweile geschätzte 50 000 Yogalehrende in Deutschland, die regelmäßig mit Hundertausenden Menschen über Kurse, Seminare oder Einzelarbeit in Kontakt kommen. Nach einer Studie des BDY aus dem Jahr 2018 haben 16 Prozent der Deutschen über 14 Jahren Yogaerfahrung, das sind über 11 Millionen Menschen. Darüber hinaus können sich 19 Prozent der Befragten vorstellen, innerhalb des nächsten Jahres mit Yoga zu beginnen, das sind nochmal 13 Millionen Menschen. Yogalehrende haben bzw. hätten daher einen großen Einfluss auf unsere Gesellschaft. Es ist deshalb wichtig, in welchem Geist unterrichtet wird, welche innere Haltung die Lehrenden haben. Die berufsethischen Richtlinien des BDY betreffen nicht nur den Raum innerhalb des

Unterrichts, sondern gleichfalls das Handeln in und für die Gesellschaft, Zitat:

Über die individuelle Praxis hinaus tragen Yogalehrende dazu bei, dass die Verantwortung für den Zusammenhalt der Gesellschaft und den Erhalt der natürlichen Lebensgrundlage gesehen wird.

Das bedeutet, dass sich Yogalehrende ihrer sozialen und ökologischen Verantwortung bewusst sein sollen. Übersetzt auf die heutige Situation: Yogalehrende sollen in ihrem Tun insbesondere die Klimakrise, das Artensterben, den Ressourcenverbrauch und die (globalen) sozialen Verwerfungen im Blick haben. Kurz: Yoga für eine „enkeltaugliche" Zukunft leben bzw. vermitteln. Man könnte auch sagen: so etwas wie einen *Green* Yoga praktizieren. Hier helfen dann die vorgenannten Yamas und Niyamas weiter.

AHIMSA

In Patanjalis Yoga Sutra wird der Yama Ahimsa zuerst aufgeführt. Das aus gutem Grund, denn Ahimsa ist wohl der zentrale, vielleicht wichtigste Yama.

Ahimsa ist am besten mit Gewaltlosigkeit zu übersetzen. Wobei hier so etwas wie die Gewalttätigkeit gemeint ist. Bei der Gewalttätigkeit gibt es die (heutige) Unterscheidung zwischen direkter, unmittelbarer körperlicher oder psychischer Gewalt, wie z.B. durch einen Faustschlag oder Mobbing, und indirekter *struktureller* Gewalt[5], wie z.B. durch unfaire zwischenstaatliche Handelsabkommen oder ungleiche gesellschaftliche Regeln. Jedem verständigen Menschen ist zwar klar, dass ein Faustschlag möglichst vermieden werden sollte – was jedoch für strukturelle Gewalt erst einmal nicht gilt, weil sie oft sehr subtil daherkommt. Hier fehlt es regelmäßig an entsprechenden Informationen. Oder kennt jemand wirklich die Handelsbedingungen, die die EU mit afrikanischen Staaten vereinbart hat? Das fällt dann zumeist nur dann auf, wenn z.B. EU-Landwirtschaftsprodukte traditionelle afrikanische Bauernmärkte ruinieren. Und diese dadurch perspektivlos gewordenen Bauern sich dann als Migranten auf den Weg nach Europa machen. Strukturelle Gewalt hat daher eine sehr viel größere Wirkmacht als unmittelbare Gewaltanwendungen. Die Green-Yogini und der Green-Yogi sollten sich daher zuvorderst informieren, wo in ihrem Kontext strukturelle Gewalt stattfindet oder indirekt gefördert wird, um dann Ahimsa in möglichst vielen Bereichen aktiv zu leben. Und hier darf der Blick nicht nur auf Menschen, sondern sollte auf alle empfindsamen Wesen gerichtet sein. Denn Ahimsa umfasst vom philosophischen Standpunkt her grundsätzlich auch die Tiere.

Es gibt leider sehr viele Felder, auf denen national, supra-national und global unmittelbare oder strukturelle Gewalt ausgeübt wird. Oft ist dies den einzelnen Menschen, insbesondere den Konsumentinnen und Konsumenten jedoch nicht bewusst, weil Institutionen (Behörden, Staat oder EU) oder global agierende Finanzplayer oder Konzerne die „schmutzige" Arbeit verrichten. Den Meisten sind die Inhalte von EU-Handelsverträgen oder das Agieren von global agierenden Konzernen nicht wirklich bekannt.

Wir werden uns daher im Folgenden auf zwei Bereiche beschränken, die – neben der Energiewirtschaft – die Hauptverursacher für Klimakrise, Artensterben, ökologisch schädlichen Ressourcenverbrauch und unfaire Handelspraktiken sind: *die industrielle Landwirtschaft und die global agierende Textilwirtschaft*. Hier ist es zudem für jedefrau und jedermann möglich, *sofort* etwas wirksam zu tun.

Was heißt es also, hier dem Leitgedanken von Ahimsa zu folgen?

Was die industrielle Landwirtschaft betrifft, ist es mittlerweile allgemein bekannt und anerkannt, dass die Einschränkung des Fleischkonsums und die (globale) Unterstützung der ökologischen, bäuerlichen Landwirtschaft unmittelbare positive ökologische und soziale Folgen hat. Um nicht falsch verstanden zu werden: Niemand muss sich gleich hundertprozentig vegan ernähren, um sehr schnell wirksame Prozesse anzustoßen! Es reicht, zunächst, dass nicht täglich Fleisch konsumiert wird, und wenn, dann sollte Fleisch von Tieren verzehrt werden, die so ethisch und klimaschonend wie möglich aufgewachsen sind. Der grassierende Vegan-Hype zeigt allerdings, wie schnell sich Konzerne umstellen können, wenn genügend Nachfrage da ist. Es gibt zwar am Vegan-Hype berechtigte Kritik, aber wie z.B. der zunehmende Soja-Anbau in der EU zeigt, reagieren einige Konzerne sensibel auf öko-soziale Fragen, die im Hinblick auf eine vegane Ernährung auftreten.

Mit etwas Überzeugungsdruck lässt sich demnach gerade in dem Bereich Ernährung bzw. Landwirtschaft sehr schnell sehr viel verändern. Und niemand wird gezwungen, bei Wahlen eine ökologisch desaströse Politik zu unterstützen. In den Niederlanden z.B. gibt es im Landesparlament eine Tierschutzpartei und eine (erfolgreiche) links-grüne Partei, die eine Fleischsteuer einführen wollen. Was Tiere und Ahimsa betrifft, wird dieses Prinzip in der Philosophie des Yoga sowie im Buddhismus, Jainismus und Hinduismus grundsätzlich auf alle fühlenden Wesen ausgeweitet. Niemand sollte dort ohne Notwendigkeit ein Tier töten.

Tipp: *Versuche es öfter mal mit Lecker-Vegan, am besten aus ökologischer Produktion.*

Auch die Textilwirtschaft und deren Konzerne agieren seit Jahrzehnten global. Wobei die Phasen eines Modetrends immer kurzfristiger werden, der Umschlag von Textilien in weiten Teilen einer Wegwerfwirtschaft gleichkommt. Die Textilwirtschaft ist damit – nach der industriellen Landwirtschaft – global zu einem immensen ökologischen Risiko geworden. Zum Beispiel werden für die Herstellung einer Jeans aus konventioneller Baumwolle ca. 8000 Liter Wasser verbraucht (von dem Dünger- und Pestizideinsatz sowie dem Abwasserproblem einmal abgesehen). Dies ist umso problematischer, weil die Ressource Wasser in den meisten Anbauregionen der dortigen Bevölkerung nicht in ausreichendem Maße zur Verfügung steht und die Menschen oft gezwungen sind, verunreinigtes Wasser zu trinken.

Bekannt ist ebenso, dass unsere Textilien oft unter menschunwürdigen Bedingungen produziert werden. Kaum eine Textilware aus China, Südostasien oder Afrika wird (ganz überwiegend von Frauen) unter sozialen Bedingungen produziert, die der International Labor Organisation (ILO), den rechtlichen UNO-Mindeststandards für abhängig Beschäftigte, tatsächlich entsprechen. In Deutschland wurde daher vom Entwicklungsministerium ein „Bündnis für Nachhaltige Textilien" gegründet, deren Mitglieder sich an ökologische und arbeitsrechtliche Mindeststandards halten müssen. Die Mitglieder dieses Bündnisses findet man unter: www.textilbuendnis.com/uebersicht/

Im September 2019 wurde hierzu das Siegel „Grüner Knopf" veröffentlicht. Wobei bei diesem Siegel die ökologischen und besonders die sozialen Mindestanforderungen an die Herstellung von Textilien noch schwach sind. Ein erster Schritt in die richtige Richtung zwar, aber noch stark verbesserungswürdig. Wer sicher gehen will, dass schon heute bei der Herstellung von Textilien (überprüfbare) ökologische und soziale Mindeststandards eingehalten werden, der sollte sich am GOTS-Siegel (Global Organic Textil Standard) orientieren. Das Siegel zeigt ein weißes Hemd auf grünem Grund. Viele kleinere Internet-Anbieter bieten hippe Textilien mit diesem Siegel an. GOTS-Ware gibt es mittlerweile sogar beim Discounter. Es ist also gar nicht so schwer und für jedefrau und jedermann finanzierbar, durch den Kauf von GOTS-Textilien einen überaus wirksamen Beitrag gegen die Ausbeutung von Mensch und Natur zu leisten.

Der beste Schutz für unseren Planeten wäre jedoch logischerweise, nicht neue Klamotten zu kaufen, wenn die alten es noch tun.

Tipp: Nicht sofort jeden Mode-Trend mitmachen und auf das GOTS-Siegel achten.

Neben den vorgenannten Bereichen des alltäglichen Konsums spielt Ahimsa auch in der *politischen Auseinandersetzung* eine zentrale Rolle. Yoga-for-Future-Aktivistinnen und -Aktivisten agieren bei ihren Aktionen grundsätzlich gewaltfrei. Das hat seinen guten Grund: Sie bereiten damit ein qualitatives Feld vor, in dem Aggressionen schlecht wachsen. Es ist auch viel einfacher, in einer zugewandten Haltung Gehör beim Gegenüber zu finden. Vom Grundsatz her sollte man daher erst einmal die Menschen dort abholen, wo sie „stehen" (allerdings danach nicht wieder dorthin zurückbringen, wo sie waren – wie es der Diskurstheoretiker Jürgen Link so frappant formuliert[6]). In jedem Fall gilt: Wer sein Gegenüber bloß anbrüllt, der leistet selten wirkliche Überzeugungsarbeit. Gewaltfreie, empathische Kommunikation ist daher auch in der öffentlichen Auseinandersetzung in der Regel die angemessenste Strategie.

Was nicht heißen soll, dass es hier auch klare Grenzen gibt, in denen eine strikte Abgrenzung notwendig wird. Einem extremistischen Mob oder Nazi-Sprüchen ist nur durch (legale) Gegengewalt beizukommen. Ahimsa hat dort seine Grenzen, wenn es um den Schutz und die Durchsetzung der Menschenrechte geht, die stets die höchsten ethischen Leitmotive bleiben müssen. Das sollte angesichts der populistischen und oft rechtsextremen Auswüchse, die zunehmend global Raum greifen, unbedingt beachtet werden. Es gilt wachsam und wehrhaft zu bleiben. Insbesondere die europäische Geschichte zeigt, dass sich nicht immer die besseren Argumente oder eine humanistische Ethik durchsetzen. Wie schnell wir hier – auch in Europa – an Grenzen stoßen können, zeigt aktuell die Wahl von Rechtsextremen in (deutsche) Parlamente, die demokratiefeindlichen Bestrebungen in manchen osteuropäischen EU-Staaten, die Flüchtlingsdramen oder der schon lange schwelende kriegerische Konflikt in der Ost-Ukraine.

Trotz allem bleibt Ahimsa eine probate Methode, sich bei anderen Menschen Gehör zu verschaffen. Ein Yoga for Future agiert mit Mut und offenem Herzen, leistest in politischen Aktionen gewaltfreien Widerstand gegen eine Politik der ökologischen Selbstvergessenheit, sozialen Ausgrenzung und autoritären Tendenzen. Yoga for Future unterstützt daher aktiv Bewegungen wie Fridays for Future, Extintion Rebellion oder Bürgerrechtsbewegungen.

Tipp: *Initiiere zu bestimmten Themen Yoga-Flashmobs, schließe dich einer Fridays-for- Future-Ortsgruppe an oder misch dich aktiv ein, wenn Menschenrechte beschnitten werden sollen.*[7]

SATYA

Satya bedeutet so viel wie „Wahrhaftigkeit". Also zuvorderst die Wahrheit *sagen*. Diese Wahrheit zu leben, ist dann schon ein anderes, oft schwierigeres Unterfangen – wobei jedefrau und jedermann klar sein dürfte, dass es so etwas wie *die* Wahrheit eigentlich nicht gibt. Oder wie es in einem Sprichwort heißt: Jedes Ding hat zwei Seiten – und eine dritte, die wir nicht sehen können. Es kann also nur darum gehen, eine Wahrheit auszudrücken, die dem entspricht, was wir nach bestem Wissen und Gewissen als solche bezeichnen können. Auch hier handelt es sich eigentlich um eine Selbstverständlichkeit –

die jedoch angesichts „alternativer Fakten" und Fake News gerade heute von immenser Bedeutung ist. Aufrichtigkeit scheint gerade in Teilen der Sozialen Medien aus der Mode gekommen zu sein. Medial ausgesandte bewusste Falschaussagen zur emotionalen Manipulation sind mittlerweile gerade in rechtspopulistischen oder verschwörungstheoretischen Kreisen weit verbreitet und leider nicht wirklich zu unterbinden. Die dadurch hochkochenden Emotionen in den medialen Echokammern verbreiten sich in Sekundenschnelle und wirken oft destruktiv. Was in früheren Zeiten der Mob auf den Straßen war, das sind heute die Hass-Kampagnen in den Sozialen Medien, die nicht selten aus ihren medialen Bereichen ausbrechen und Gewaltverbrechen und Hetzjagden auf Andersfarbige oder Andersdenkende zur Folge haben. Wie also Satya in solchen Zeiten leben?

Mahatma Gandhi, der seinen gewaltfreien politischen Widerstand gegen die britische Kolonialherrschaft Satyagraha, den *Weg der Wahrheit*, nannte, glaubte fest daran, dass die Wahrheit sich stets durchsetzen würde, auch wenn nur ein einziger Mensch daran festhalte. Gandhis auf Ahimsa gründender Weg war der Urknall des gewaltfreien politischen Widerstands und fand in der afroamerikanischen Bürgerrechtsbewegung, der Friedensbewegung in den 1980er Jahren, in der friedlichen Revolution in der DDR und zuletzt in den Klima-Aktivistinnen und -Aktivisten von Extinction Rebellion[8] erfolgreiche Nachahmer. Wie zudem die menschliche Geschichte zeigt, hat sich die „Wahrheit", wenn auch zugegebener Maßen nicht immer gewaltfrei, letztendlich durchgesetzt. Allerdings müssen wir etwas dafür tun, soll heißen: Lügen stets deutlich Lügen nennen und auf die vorhandenen Fakten verweisen. Das kann anstrengend sein, ist jedoch in der öffentlichen Debatte alternativlos. Wir dürfen den zumeist rechtspopulistischen Fake-News-Verbreitern nicht kampflos das Feld überlassen. Die Folgen wäre gerade angesichts rechtspopulistischer „Klimakriseleugner", menschverachtender Virus-Verharmloser und Hass-Kampagnen á la Trump, Bolsonaro, Höcke und Co zu gravierend.

Satya leben hieße dann aber auch, in einem Bewusstsein zu handeln, dass die eigene Wahrheit immer eine relative Wahrheit bleibt, die unter anderen Umständen und einer anderen Zeit nicht mehr ganz zutreffen muss. Der gute alte Vorsatz „nach besten Wissen und Gewissen" mag hier eine gute Richtschnur sein.

Es gibt auch einen interessanten körperlich-emotionalen Aspekt von Satya: die Asana-Praxis. Hier gilt es ja auch, sich achtsam „wahr"-zu-nehmen. Also zu schauen, was tatsächlich gerade „ist". Um dann vielleicht, wie der deutsch-schweizerische Philosoph Jean Gebser (1905-1973) es nannte, „wahr zu *geben*". Zur Asana-Praxis später mehr.

Tipp: *Wo immer möglich, Fake News offenlegen und sachlich dagegenhalten sowie nach besten Wissen und Gewissen handeln.*

Asthea bedeutet so viel wie „Nicht-Stehlen", also nicht ohne vernünftigen Grund sich des Eigentums Anderer zu bemächtigen.

In allen entwickelten Kulturen wird der Diebstahl geächtet. Stehlen wird, soweit kein Notstand vorliegt, mit Strafe bedroht oder ergibt „schlechtes Karma". Was unmittelbarer Diebstahl ist, liegt hier für jeden leicht erkennbar auf der Hand.

Nicht so leicht nachvollziehbar sind dagegen kollektive „Diebstahlmechanismen" wie die Ausbeutung geographisch weit entfernter Völker und Wirtschaftsräume, weil die allermeisten Profiteure daran nicht *unmittelbar* beteiligt sind. Denn hier sind es eher die mittelbaren Dinge wie unfaire Handelsabkommen oder nicht immer offensichtliche unwürdige Arbeitsbedingungen vor Ort, die zur Ausbeutung führen.

Jeder, der sich ein wenig mit den Bedingungen der Weltwirtschaft auseinandersetzt, bemerkt recht schnell, dass unsere Handelsbeziehungen zu den meisten sogenannten Drittweltländern nicht fair sind und ein großer Teil unseres Wohlstandes nicht nur auf Kosten von Tier und Natur, sondern in gleichem Maße auf dem Rücken der Menschen in den armen Ländern des Südens erwirtschaftet wird. Sklaverei und Kolonialismus finden heute auf der global-ökonomischen Ebene vielfach ihre Fortsetzung. Wer sich einmal mit den Bedingungen, wie ein

5-Euro-T-Shirt hergestellt wird, auseinandergesetzt hat, weiß, wovon hier die Rede ist.

Nicht-Stehlen hieße somit, möglichst Waren aus der Region oder Fairem Handel (Fair-Trade-Produkte) zu erwerben, trotz berechtigter Kritik an dem blau-grün-schwarzem Fair-Trade-Siegel – wir haben derzeit leider nichts Besseres. Zudem gibt es mittlerweile für die meisten landwirtschaftlichen Exportgüter des Südens, die von Kleinbauern hergestellt werden, auch fair gehandelte Alternativen (z.B. Blumen, Tee, Kaffee, Zucker, Honig oder Kakao). „Fair gehandelt" heißt grundsätzlich, dass (in erster Linie) solch ein Preis gezahlt wird, der zum großen Teil bei den Produzenten ankommt und deren Existenzminimum sichern hilft. Zudem werden durch den fairen Preis soziale und ökologische Mindeststandards festgelegt, wie die Förderung von Genossenschaften, eine gesundheitliche Grundversorgung, die Unterstützung von Schulbauten und Fraueninitiativen sowie die Umstellung auf ökologischen Landbau. Für die westliche Welt sind das alles Selbstverständlichkeiten, die jedoch gerade in Ländern des Südens vielerorts kaum Beachtung finden. Hier herrschen häufig noch menschenverachtende Arbeitsbedingungen, wie sie in den Industrienationen vor 150 Jahren die Regel waren.

Tipp: *Fair gehandelte Güter kaufen, wo immer es geht (es gibt sogar faire Smartphones)*

APARIGRAHA

Aparigraha bedeutet so viel wie Nicht-Horten.

Es gab bis vor kurzem für die meisten Menschen in den hiesigen Breitengraden gute Gründe, für den Winter oder andere schwierige Zeiten vorzusorgen. Deshalb wurden lagerfähige Lebensmittel gehortet. Einige haben heute noch eine Kartoffelkiste im Keller. Horten diente damit dem Überleben.

Heutzutage gibt es jedoch weltweit genügend Lebensmittel und technische Möglichkeiten, um grundsätzlich zu jeder Zeit und an jedem Ort Menschen ausreichend zu versorgen. Das Vorrats-Horten über den Kühlschrank hinaus ist damit in weiten Teilen der Welt nicht mehr notwendig.[9] Hier hat sich dieses Horten von Gütern auf eine andere Ebene verschoben: das Geld.

Dass heute weniger Güter und stattdessen Geld gehortet wird, hat einen guten Grund: Im Gegensatz zum Horten von beispielsweise Kartoffeln wird das Horten von Geld belohnt. Diese Belohnung nennt man „Zinsen". Das ist mittlerweile völlig normal geworden und kaum einer macht sich darüber Gedanken. Beim Geld-Horten vermehrt sich das Geld gewissermaßen durch Zinsen von ganz allein. Das angelegte Geld „arbeitete" sozusagen für den Anleger. Nur: Es sind immer *Menschen,* die für diese Zinsen arbeiten müssen, denn irgendj*emand* muss die Zinsen ja erwirtschaften. Es braucht also immer Schuldner, die die Zinsen der Gläubiger bezahlen. Und diese Schuldner arbeiten nicht immer unter menschwürdigen Bedingungen. Es ist also für den Green-Yogi und der Green-Yogini schon bedeutsam, wo und wie meine Bank Zinsen bzw. Gewinne erwirtschaftet. Eine größere deutsche Bank fördert sogar die Fridays-for-Future-Bewegung.

Zinserträge haben auch einen zerstörerischen Aspekt, weil sie immer in Konkurrenz zu Erträgen aus Unternehmensgewinnen stehen. Die Unternehmensgewinne müssen also höher sein als die Zinsgewinne, sonst investiert niemand mehr in Unternehmen. Die Unternehmen wiederum sind der (neoliberal-)kapitalistischen Wachstumslogik unterworfen. Und eben diese Wachstumslogik des immer höher, weiter, größer ist gerade dabei, unsere sozialen und natürlichen Grundlagen zu zerstören. So schließt sich der Kreis von Zinserträgen und zerstörerischer Wachstumslogik.

Einige Wirtschaftstheoretiker behaupten sogar, dass der Kapitalismus ohne Zinsen nicht wirklich funktionieren könne, weil der Kapitalismus von der Erwartung positiver Realzinsen lebt. Heute investieren Kapitalanleger wegen der Niedrigst- bis Negativzinspolitik der Zentralbanken zu Hauf in Unternehmensaktien, unabhängig von deren wirtschaftlicher Ertragskraft, Hauptsache Aktien – Ende offen. Daher ist die derzeitige Niedrigzinspolitik auch ein bisher so nicht da gewesenes Experiment in Sache kapitalistischer Wirtschaftsordnung. Vielleicht erledigt der neoliberale Kapitalismus sich auf diese Weise ja selbst – hoffen wir das Beste!

Tipp: *Giro- oder Sparkonten bei Banken eröffnen, die sich weitestgehend nachhaltig und sozial agieren. Und: Es gibt mittlerweile lohnende „ethische" Anlageformen für die Alters- und Enkelversorgung bei jeder Bank.*

SAMTOSHA

Samtosha bedeutet „Zufriedenheit".

Wann ist ein Mensch zufrieden? Normalerweise dann, wenn er seine Bedürfnisse befriedigen kann. Dabei ist es von Bedeutung, ob es sich um vermeintliche oder um *wirkliche* Bedürfnisse handelt. Unmittelbar einleuchtend ist, dass die Wahrscheinlichkeit, ein zufriedener Mensch zu werden, zunimmt, wenn man möglichst wenige Bedürfnisse hat. Andersherum kann es sein, dass man ein Leben lang einem (materiellen) Bedürfnis nachläuft, ohne es tatsächlich befriedigen zu können. Das ist dann tragisch und macht zwangsläufig unglücklich. Darum ist es für eine gelungene Lebensführung immer von Vorteil, die wirklichen von den vermeintlichen Bedürfnissen zu unterscheiden. Zudem ist der Grad an persönlicher Freiheit dann am größten, wenn der Grad des Bedürfens am kleinsten ist.

Der Mensch muss essen, trinken und schlafen. Darüber hinaus braucht er ein Dach über dem Kopf und als soziales Wesen Menschen, die ihm nahestehen. Vielen Menschen wird jedoch deutlich, dass allein die

Befriedigung materieller und sozialer Bedürfnisse für eine ins Tiefste gehende Zufriedenheit nicht genügt. Diese Weisheit taucht oft erst gegen Ende des Lebens auf. Das muss jedoch nicht so sein. Auch jüngere Menschen können z.b. mittels der Yoga-Praxis lernen, jederzeit in sich hineinzuschauen, um die tatsächlichen von den vermeintlichen Bedürfnissen zu unterscheiden.

Sich nach und nach vom Überflüssigen zum Essentiellen hin bewegen – das ist *der* Schlüssel für Zufriedenheit. Wer diesen Weg eingeschlagen hat, wird damit nicht mehr aufhören wollen. Denn die „Belohnung" für das Loslassen-Können ist immer ein höherer Grad an persönlicher Freiheit, auch finanziell. Reich ist nicht derjenige, der viel hat, sondern derjenige, der wenig bedarf (was übrigens auch für „gesunde" Partnerschaften gilt).

Öko-yogisch betrachtet, bedeutet weniger materiell bedürfen auch weniger verbrauchen. Die Ressourcen der Erde und das Klima werden so enkelfähig gehalten.

Tipp: Nach und nach sich befreien und gucken, was ich wirklich brauche und was ich lassen kann.

DIE YOGA-PRAXIS

Unter den Nichtigkeiten des Lebens gibt es nur ein Ding,
das strahlend schön ist und ohnegleichen.
Es ist das Erwachen des Geistes,
es ist das Erwachen im Innersten des Herzens.
Kahlil Gibran

VORBEMERKUNG

In Anbetracht der Komplexität der globalen Krisen bedarf es eines „tieferen" Verstehens. Wie die neuere Geschichte zeigt, reicht ein rein mentales, kognitives Verstehen nicht, um individuell und kollektiv dauerhafte Veränderungen im Sinne wirklicher Transformationen zu gestalten. Der Umstand, dass heutzutage jeder klar denkende und informierte Mensch eigentlich um die Notwendigkeit einer grundlegenden Veränderung weiß, jedoch das konkrete Tun dem oft widerspricht, ist ja hinreichend bekannt. Das alleinige Verstehen um eine Notwendigkeit reicht offensichtlich nicht aus, es sollte noch etwas hinzukommen: das Fühlen im Sinne von Mit-Fühlen. Erst ein *emotionaler* Prozess, eine Emotion – lat. „Heraus-Bewegung" – treibt mich an, ggf. das zu tun, was ich intellektuell verstanden habe. Fehlt diese emotionale Grundierung, wird das Tun oft nur anlassbezogen oder sporadisch, obwohl möglicherweise das Wissen besteht, dass ein Nicht-Handeln höchstwahrscheinlich sogar schädlich ist. So hat die Ökologiebewegung der 1980er Jahre weder die damals schon absehbare Klimakrise noch die Arten- oder Waldvernichtung gestoppt. Und es sind heute die ganz jungen Menschen, die aufgrund ihrer ganz konkret absehbaren *Betroffenheit* mit zunehmender Verzweiflung gegen die (globale) Naturzerstörung auf die Straßen gehen.

Wenn also Yoga-Praxis transformatorisch wirken soll, dann sollte sie auch die emotionale Ebene integrieren, dann sollten Asana-, Pranayama- und Meditations-Praxis nicht nur einen klaren Geist generieren, sondern gleichfalls ein tiefes Mitfühlen unterstützen. Das macht auch vor dem Hintergrund Sinn, dass die Fähigkeit zu Empathie uns offensichtlich mit in die Wiege gelegt wurde. Das eingangs als erforderlich erachtete „tiefere Verstehen" sollte daher ein von *Mitgefühl geleitetes* Verstehen[10] sein. Und Mitgefühl bzw. *Empathie*, kann man/frau lernen, wie die bekannte Empathie-Forscherin Tania Singer in einer großangelegten Studie belegt hat[11]. Singer zeigte auf, dass bestimmte mentale (Meditations-)Praxen empathiefördernd sind. Ich möchte hier allerdings einen Schritt weitergehen und – aufgrund meiner eigenen Unterrichtserfahrungen – ergänzen, dass auch eine achtsame Asana- und Pranayama-Praxis die Fähigkeit zu Empathie fördern kann. Denn: Ich muss zuerst mich selbst besser spüren lernen, um Andere besser wahrnehmen, um in eine tiefere Verbundenheit mit Allem-was-ist spüren zu können. Und zwar beginnend ganz basal auf der *körperlichen*

Ebene. Körper, Emotionen, Gedanken – in dieser Reihenfolge. Und ich muss mich als Yogalehrer/in selbst in die Praxis mit einbeziehen, um Empathie-Praxen authentisch weitergeben zu können.

Fazit: Eine nachhaltig transformatorische Yoga-Praxis sollte vornehmlich ein von Mitgefühl geleitetes Verstehen fördern.

Ich habe zu den Aufgaben, die heutzutage im Yoga essentiell sind, die erfahrene Yogalehrerin und Gründerin von „Yoga for Future", Gudrun Kromrey befragt.

HF: *Was ist heute die wichtigste Aufgabe des Yoga?*

GK: Unser großes Thema, das wir in jeder Yogastunde indirekt oder auch ganz direkt im Blick haben sollten, ist der Umgang mit dem Sich-getrennt-Fühlen, mit Angst. Es ist meiner Meinung nach heute tatsächlich unsere wichtigste Aufgabe, Yoga dazu zu nutzen, unsere inneren Systeme der Angst deutlich erkennbar zu machen und zu bearbeiten.

HF: *Warum spielt Angst in unseren Leben eine so starke Rolle?*

GK: Wichtig für das neoliberale System ist, dass wir uns als getrennt erleben. Das verhindert Solidarität. Das neoliberale System, das ist der moderne Ausdruck für den zerstörerischen Kapitalismus, versucht sicherzustellen, dass wir brav im System weiterlaufen und funktionieren, um das System zu erhalten und keine Fragen zu stellen. Das klappt am besten, wenn man uns immer wieder in Angst und Schrecken versetzt, denn wer Angst hat, der stellt keine Forderungen, wer in Panik ist, der kann nicht klar denken. Das nächste Mittel dazu ist, uns gegeneinander aufzuhetzen, uns voneinander zu trennen. Jung gegen Alt, Männer gegen Frauen, gegen Arbeitslose, gegen Flüchtlinge, Juden und andere.

HF: *Aber es geht uns doch gut, verglichen mit Menschen in anderen Ländern?*

GK: Ja, und deshalb muss das System sich auch mächtig anstrengen, uns in der Trennungsspirale zu halten. Beliebt dafür sind heute die Flüchtlinge, die uns angeblich unsere Arbeitsstellen, unsere Häuser, Autos und unsere Frauen wegnehmen wollen. Also alles, was ein alter weißer Mann als sein Eigentum betrachtet. Neid und fiktive Ängste werden regelrecht gezüchtet.

HF: *Bringen die Menschen diese Ängste, dieses Getrenntsein mit in die Yogastunde? Wie kann Yoga damit umgehen?*

GK: Klar! Mal ist es ganz direkt und eindeutig, mal eher versteckt und diffus. „Angst essen Seele auf" – das stimmt ganz einfach. Wir leiden, und manchmal ist es ein eher ein dumpfes, unklares Gefühl, mit dem wir uns herumschlagen. Diese gezüchteten und gepflegten Ängste sind die Basis unserer Sicht auf die Welt und sind auch spürbar beim Yoga. Körperliche Beschwerden, depressive Verstimmungen etc. sind auch Ausdruck für dieses Unwohlsein in der Welt. Yoga ist eine exzellente Methode, sich dieses Abgetrenntseins bewusst zu werden. In jeder Yogastunde üben wir uns darin, unsere Gefühle zunächst einfach mal nur wahrzunehmen. Das ist der erste Schritt. Einfach wahrnehmen. Dann benennen wir es. Wenn wir etwas benennen, dann gehen wir in Distanz dazu, und nur dann können wir etwas betrachten und bearbeiten.

HF: *Wie können wir mit Yoga dieses Sich-getrennt-Fühlen auflösen?*

GK: Angst ist immer Ausdruck einer Trennung von sich selbst und von unserer sozialen Umgebung. Das ist das große Ziel dieses Systems, uns zu trennen von uns selbst, von unserem Körper, von der Natur und immer in Konkurrenz zu anderen zu stehen. Yoga bedeutet „Verbindung". Das ist das Zauberwort. Wir trainieren im Yoga, uns wieder zu verbinden, wieder mit uns, wieder mit anderen, wieder mit unserem Körper, ja, wieder mit auch der Natur, den Tieren und Pflanzen, wieder mit unserer gesamten Umwelt zu verbinden. Und wir können erkennen, das alles Eins ist, alles zusammengehört, auch der Andere ist wie wir, er ist ein Teil von uns. Angst und damit das Gefühl von Getrenntsein löst sich dann ganz von alleine auf. Darin liegt wirklicher Sprengstoff, wirkliche revolutionäre Kraft, denn wenn wir uns gegen das ständige Getrenntsein, gegen Angst und gegen Konkurrenzdenken wehren und darin geübt sind, schlagen wir dem neoliberalen System die stärksten Mittel uns zu steuern aus den Händen.

Wie schon ausgeführt, umfassen die integralen Bestandteile einer ganzheitlichen Yoga-Praxis vereinfacht dargestellt die Bereiche Physis, Psyche, Mental – und wer möchte, den spirituellen Raum. Wie könnte solch eine ganzheitliche Praxis aussehen?

1. PHYSIS: ASANA/VINYASA

Für die meisten Menschen ist Yoga ein Synonym für den (körperorientierten) Hatha-Yoga. Im traditionellen Indien spielte der Hatha-Yoga allerdings keine große Rolle. Bekannter wurde er in Indien insbesondere durch Tirumalai Krishnamacharya (1888 – 1989), der Lehrer von den auch im Westen bekannten Yogalehrern wie B.K.S Iyengar (1918-2014) und Pattabhi Jois (1915-2009) war. Krishnamacharya entwickelte Anfang des 20. Jahrhundert aus einer Synthese von bekannten Asanas und westlicher Gymnastik/Sport/Body Building den Übungsstil, der heutzutage weltweit als Hatha-Yoga bekannt ist. Die allseits bekannte Übungsreihe/Vinyasa *Surya Namaskar* (Sonnengruß) z.B. ist eine Entwicklung der Neuzeit. Was ihn dadurch jedoch keinesfalls diskreditiert.

Dem Hatha-Yoga liegt auf der physio-psychischen Ebene eine anderes Körper- und Menschenbild als in der westlichen Medizin zugrunde. Dieses Menschenbild hat seine Wurzeln im Tantrismus, eine weltzugewandte und emanzipatorische Bewegung, die ihre Blütezeit im 8. – 12. Jahrhundert hatte. Die im 10. – 12. Jahrhundert errichteten Tempel von Khajuraho mit ihren sexuell äußerst freizügigen Darstellungen lassen erahnen, welch revolutionäre (und frauen*achtende*) Bewegung der Tantrismus im damaligen Indien war. Das tantrische Menschbild besteht, vereinfacht dargestellt, aus einen grobstofflichen und einen „Energie"-Körper. Der grobstoffliche Körper umfasst das, was wir aus der westlich wissenschaftliche Sicht vom Körper her kennen; der „feinstoffliche" Energie-Körper besteht aus Vayus, Chakras und Nadis, soll heißen: aus Feldern, Zentren und Bahnen von Prana, der feinstofflichen Energie. Die Hatha-Yoga-Praxis und yogischen Atemtechniken

(*Prana*yama) gehen deshalb über die der westlichen medizinisch bekannten Physis hinaus. Das ist jedoch kein esoterischer Hokus Pokus. Feinstoffliche Energiebahnen werden auch bei der Traditionellen Chinesischen Medizin vorausgesetzt und in der Akupunktur wirksam eingesetzt (und von den Krankenkassen für bestimmte Diagnosen anerkannt). Das ist wichtig zu wissen, weil so durch die Hatha-Yoga-Praxis mittels Asana und Pranayama auch „tiefere" Schichten als die rein körperlichen erreicht werden können. Yoga wirkt, wie auch eine Vielzahl wissenschaftlicher Studien belegt.[12] Warum genau das so ist, sollte aus heutiger Sicht nicht so wesentlich sein.

ASANA-PRAXIS

Im Hatha-Yoga nimmt die Asana-Praxis eine zentrale Rolle ein. Es gibt eine Vielzahl von Asanas. Nach einer Grundlagenschrift des Hatha-Yoga (Gherandasamhita 2. Kapitel) gibt es aus den Millionen von möglichen 32 dem Menschen heilbringende Asanas; über diese 32 Asanas hinaus werden jedoch heute auch viele weitere Asanas geübt. Wenn also über Asana-Praxis gesprochen werden soll, kann an dieser Stelle nur in allgemeiner Hinsicht und exemplarisch gesprochen werden. Ich werde daher im Folgenden auf ein mir für die Praxis besonders geeignetes Asana eingehen: Virabhadrasana (I), die Held/-in-Haltung. Wobei „Haltung" sich nicht nur auf die äußeren Merkmale, sondern auch auf innere Prozesse beziehen soll. Virabhadra ist der indyschen Mythologie ein Sohn von Shiva, dem Gott der Yogis. Im Yoga symbolisiert Virabhadra eine gesegnete Person mit großer Kraft. Das Asana soll die Standfestigkeit steigern und die Übenden mutig und offen-herzig werden oder kurz: *resilient* werden lassen – innere Qualitäten, die besonders im Kampf gegen die drohende Klimakatastrophe oder andere Lebensstürme wie die Corona-Krise sehr nützlich erscheinen. Um so ggf. mit Virabhadrasana zu tatsächlichen „Alltags-Heldinnen" heranzuwachsen. Zudem kann man/frau in diesem Asana gut in sich hineinspüren, wobei die unterschiedlichsten Körperregionen betroffen sind. Deshalb sollten die vorbereitenden Haltungen insbesondere die Wirbelsäule, den Beckenraum und die Beine bzw. Beinrückseiten mit einbeziehen.

Virabhadrasana I

Ausführung von Virabhadrasana I

- Du stehst in Tadasana (Berghaltung), Füße etwa hüftgelenkbreit und parallel. Du machst mit dem linken Fuß einen großen Ausfallschritt nach hinten (mindestens doppelte Schrittlänge) und stellst den linken Fuß so auf, dass der hintere Fuß ca. 45 Grad ausgedreht ist.

- Der vordere Fuß zeigt nach vorn, dann winkelst du das Knie an, bis dein Oberschenkel in etwa parallel zur Matte ist und sich dein Knie maximal über dem Knöchel befindet, wobei das Knie Richtung vorderer Fuß zeigt. Die Beckenknochen sind auf beiden Seiten nach vorn ausgerichtet. Die Fußsohle deines hinteren Fußes drückt in den Boden.

- Beide Arme über vorn nach oben heben. Die Handinnenflächen berühren sich und die Schultern entspannen. Zieh dich über die Fingerspitzen in die Vertikale.

- Dein Blick hebt sich leicht und dein Brustbein strebt nach oben, so dass du eine leichte Rückbeuge *in der Brustwirbelsäule* ausführst.

- Die Haltung ist durch die leichte Rückbeuge in der Brustwirbelsäule Einatem-betont. Lass den dadurch vertieften Einatem zu.

- Ggf. vertiefe das Atemgeschehen mit der Ujjayi-Atmung (s.u.) noch weiter.

- Halte ca. 10 Atemzüge, dann wechsele die Seite.

Innere Haltung

- Der physische Blick geht über den Horizont hinaus. Auch innerlich sich dem weiten Horizont des Geistes bewusst werden.

- Physisch stabiler, „geerdeter" Stand. Sich auch innerlich stabil fühlen, nicht so schnell „umwerfen" lassen.

- Der Brustraum wird physisch „geweitet" und wölbt sich offen in den Raum. Innerlich im Herzen weit werden, mutig sein.

- Ggf. innerlich rezitieren: *Ich bin stabil, voller Mut und offenen Herzens.*

Nachklang

- In Tadasansa nachspüren: Wie stehe ich *jetzt* da? Welche Qualität hat mein Atem? Welche Qualität haben meine Emotionen und Gedanken?

Meiner Erfahrung nach fördert Virabhadrasana das physische und psychische Durchhaltevermögen und eine Offenheit, die sich aus einer inneren Stärke heraus generieren. Direkt nach Ausführung des Asana stehe ich daher mit einer größeren Präsenz im Raum.

2. PSYCHE: PRANADHARANA/PRANAYAMA

Die Arbeit mit dem Atem wirkt oft unmittelbar auf die Psyche, also auch auf die Emotionen. So ist aus der psychotherapeutischen Praxis bekannt, dass bestimmte Atemübungen z.B. bei Panikattacken helfen können. Atem und Emotionen sind eng miteinander verflochten. Die Wirkung von Atemübungen erklärt sich aus medizinischer Sicht wohl hauptsächlich durch den Einfluss des Atems auf das Nervensystem, vor allem auf den Sympathikus und den Parasympathikus.

Im Yoga Sutra Patanjalis heißt es, dass durch bestimmte „yogische" Atemübungen, Pranayama-Techniken, die Fähigkeit zur Konzentration steige oder gar der Schleier, der das innere Licht bedeckt, entfernt werde (II,52-53). Auch im Buddhismus spielt der Atem bzw. die Atembetrachtung eine große Rolle.[13]

Es gibt eine Vielzahl von Pranayama-Techniken, in der Hatha Yoga Pradipika werden acht aufgezählt (II,2-42), unter anderem Ujjayi. Gerade Ujjayi erscheint mir wegen der leichten Erlernbarkeit und der sich schnell einstellende Wirkung geeignet zu sein, an dieser Stelle exemplarisch und im Hinblick auf das o.a. Meta-Ziel – mitgefühlgeleitetes Verstehen – besprochen zu werden.

Ausführung von Ujjayi

- Die Stimmritze mithilfe des Stimmmuskels verengt, wodurch ein typisches Reibegeräusch entsteht.

- Wie sich das anfühlt und anhört, kann man leicht feststellen, indem man eine Zeitlang flüstert. Flüstern ist daher eine gute und leicht auszuführende Vorübung für Ujjayi.

- Physiologisch passiert dabei Folgendes: Beim Einatmen staut sich die Luft vor und beim Ausatmen hinter dem fast geschlossenen Stimmmuskel. Der Verschluss bewirkt, dass der Atemmuskel besonders aktiv werden muss, da die Verengung dem Atemstrom einen großen Widerstand entgegensetzt. So intensiv eingesogen und ausgestoßen, „pfeift der Atem wie Wind in einem engen Kanal" und reibt sich an dem Widerstand. Dadurch entsteht das typische Geräusch.[14]

- Nur so laut üben, dass man sich selber gerade eben hört.[15]

- Mit Ujjayi beim Ausatmen beginnen.

Innere Haltung

- Möglichst „ent-spannt" üben, zum Geschehen im Rachenraum/Kehlkopf hinspüren.

Nachklang

- Qualität des Atems? Qualität des Geistes? Gibt es eine Verbindung zwischen beiden?

Ich habe die Erfahrung gemacht, dass insbesondere ein verlängerter Ausatem stark sedierende Wirkungen sowohl auf der physiologischen als auch auf der psychischen Ebene haben kann. Eine grundlegende Gelassenheit – eine wesentliche Grundlage für Resilienz – kann sich einstellen, wobei der Geist, das Mental klar und wach bleibt. Das wird vielfach erlebt als ein extrem angenehmes Gefühl inneren Friedens[16], weil langsames Atmen starke mentale Auswirkungen hat und zu einer Erhöhung der ruhigen Aufmerksamkeit und reinen Bewusstheit führt.[17] Ujjayi ist damit ein ideales Pranayama, sich selbst und die Mit-Welt mit größerer Bewusstheit und mehr Vertrauen wahrzunehmen.

3. MENTAL: DHARANA/DHYANA

Von dem körperorientierten In-sich-Hineinspüren hin zu den Emotionen, hin zu rein mentalen, „verstandeszentrierten" Prozessen: Im (Hatha-)Yoga und dessen Menschenbild ist das ein Weg vom „Groben" zum „Feinen", wohlwissend, dass beim Menschen wegen der wechselseitigen Beeinflussung das Eine nicht ohne das Andere gesehen werden kann. Jedoch spricht die Erfahrung dafür, dass der Yoga-Weg hin zu einem mitgefühlgeleiteten Verstehen über die Reihenfolge Körper, Emotionen, Verstand/Mental erfolgen sollte. Denn der Körper ist sozusagen die Basis unseres Seins, Gefühle/Emotionen entwickeln sich aus dem körperlichen Sein und daraus dann Denken/Selbstreflektion.[18] Daher macht es grundsätzlich Sinn, Meditation bzw. Dharana („Konzentration") bzw. Dhyana („Versenkung") nach Asana und Pranayama einzuüben.

Es ist eine Erfahrung, die alle Menschen machen, dass ihr Geist, die Gedanken oft ungeordnet herumspringen. Das Gehirn ist wie eine Fabrik, in der unablässig Gedanken produziert werden. Gleichzeitig hat der Mensch die Fähigkeit, seinen Gedankenstrom auszurichten. Wie zum Beispiel beim Lesen, Musikhören, Betrachten eines Bildes oder Nachdenken über ein Problem. Uns gelingt es so, unseren Geist mehr oder weniger lange auf eines auszurichten, anders ausgedrückt: zunehmend einpünktig zu werden, das Mental auf *einen* Gegenstand, *einen* Handlungsablauf, *einen* Gedanken „zuzuspitzen" (Dharana). Wie eine Pfeilspitze, die von ihrem breiten Anfang zum Ende hin auf einen einzigen Punkt zuläuft.

Meditation ist nun nichts anderes, als diesen Gedankenstrom zunehmend auf einen „Punkt" zu konzentrieren. Bis auch dieser Punkt in ein nonduales, stilles „Nichts/Alles" fällt (je nach Tradition: u.a. Samadhi/Satori/ Unio mystica) – und die ganze Angelegenheit sich sodann jenseits jedes sprachlichen Ausdrucks bewegt. Und danach die Welt – zumindest für eine Zeit – mit einem tieferen, holistischeren „Verstehen" betrachtet wird. Die „Wand" zwischen Individuellem und Universellem wird transparenter, wir erkennen: tat tvam asi: DAS bist (auch) DU (Chandogya Upanishad). Niemand ist eine Insel. Und es ist gar nicht mal so selten, dass nach einer Meditation selbst bei Meditations-Anfängern diese Erkenntnis kurz aufblitzt und die Welt – zumindest für einen Moment – „heller" wird.

Praxis

Eine fast überall praktizierbare Form der Meditation ist das „Verweilen im Moment". Am leichtesten kann man/frau das bei einem Spaziergang einüben, am besten in einer möglichst naturnahen Umgebung, die zu Fuß erreichbar ist.

An einem vielleicht etwas abseits gelegen Ort mit dem Gehen innehalten.

Den Hör-, Geruchs, Tast- und Sehsinn nacheinander durchgehen:

Augen geschlossen: hören – jetzt in diesem Moment: In die Welt hineinlauschen: Was kann ich hören? Welche Geräusche macht der Wind? Die Tiere?

Augen geschlossen: riechen – jetzt in diesem Moment: Durch die Nase den Geruch der Umgebung wahrnehmen: Wie riechen die Pflanzen? Die Erde?

Augen geschlossen: Über die Haut wahrnehmen – jetzt in diesem Moment: Die Temperatur auf der Haut? Was macht die Sonne, der Wind mit meiner Haut?

Augen geöffnet: schauen – jetzt in diesem Moment: Den Blick ruhen lassen und Details wahrnehmen, die mich berühren, die Schönheit der Welt.

Auch (zielloses) Spazierengehen kann eine Abfolge von kurzen Verweilmomenten sein. Die Umgebung sieht an einem anderen Tag, einer anderen Uhrzeit anders aus, riecht anders und hört und fühlt sich anders an.

Es hat etwas Kindliches, nirgendwo hinzuwollen. Sondern einfach den Weg selbst wahrzunehmen.[19]

Das Meiste, was wir gewöhnlich während Seminaren

und Kursen in der Meditation tun, ist eher eine Form von Konzentration/Dharana. Oft ist es eine Form der Atem-Betrachtung, wie zum Beispiel (entlehnt einer buddhistischen Praxis):

In aufgerichteter Sitzhaltung Brustkorb entspannen und Bauchdecke loslassen.

Kontakt zum Atem aufnehmen (am besten in oder an der Nase). Dort eine Weile das Ein- und Ausströmen des Atems wahrnehmen. Dann nach jedem Ausatmen „zählen", d.h.: einatmen, ausatmen – „1" (in Gedanken zählen); einatmen, ausatmen – „2" usw. bis „10". Dann wieder bei „1" beginnen. Sich dabei vorstellen, dass nach dem Ausatmen ein Tautropfen von einem Blatt herabrollt und in ein Wasser hineinfällt – „plitsch" – dann erst „1" („2", „3" usw.) – wieder einatmen usw. Falls der Geist dabei nach einiger Zeit abschweift (was die Regel ist), wieder bei „1" beginnen.

Diese Form von Atemachtsamkeits-Meditation, Pranadharana, ist leicht erlernbar und effizient, weil die Ergebnisse, wie z.B. ein langsameres Sichdrehens des Gedanken-Karussells, sich relativ schnell einstellen können. Der Blick auf die Welt wird so ein wenig gelassener, klarer und weniger angstvoll. Ein von Mitgefühl geleitetes Verstehen kann sich schneller einstellen.

Eine weitere, an eine Vipassana-Praxis angelehnte geführte Meditation ist die

Herz-Erde-Meditation:

Vorbereitung

Aufgerichtete und entspannte Sitzhaltung einnehmen / Balini-Asana[20] mit Konzentration auf die Brustmitte / dann Hand auf die Brustmitte und freies Tönen, um den „Herz-Ton", die Resonanz im Herzraum zu finden/dann Atembetrachtung: EA und AA betrachten, in den Atempausen Konzentration aufs Herz-Zentrum[21]. Dann:

„Vergegenwärtige dir einen Menschen, der dich sehr liebt oder sehr geliebt hat. Wenn dir niemand einfällt, stelle dir einen Menschen vor, der dich genau so liebt, wie du jetzt bist

Nimm nun das Gefühl wahr, in der Gegenwart dieses Menschen zu sein

Stell dir nun vor, dass du nicht nur das Objekt dieser Liebe bist, sondern gleichzeitig auch die Quelle dieser Liebe …

Stell dir nun einen geliebten Menschen vor. Lass das Bild dieses Menschen ganz deutlich vor deinem inneren Auge entstehen …

Richte nun deine zärtlichen Gefühle auf diesen Menschen … Du kannst eine Weite und Wärme in deinem Brustraum spüren … Dieses weite, warme und zärtliche Gefühl breitet sich in deinem ganzen Körper aus. Diese Liebe füllt dich ganz aus …

Hülle nun mit dieser Liebe den geliebten Menschen ganz ein … Wer liebt, ist glücklich. Versuche, dieses Glück deutlich zu spüren und in dir zu verankern …

Stell dir nun eine neutrale Person vor, vielleicht einen Arbeitskollegen oder -kollegin, einen Nachbarn oder Nachbarin oder einen Menschen, dem du zufällig heute begegnet bist

Versuche nun, auch diesen Menschen mit dieser Liebe, die du in dir trägst, zu umhüllen. Richte deinen Strahl der Liebe auf diesen Menschen ... Hülle ihn ganz mit deiner Zärtlichkeit und Weite ein ...

Stelle dir nun einen Menschen vor, mit dem du Schwierigkeiten hast, einen Menschen, der dich nicht verstanden oder dich verletzt hat ...

Versuche nun, auch diesen Menschen mit deinem Mitgefühl zu umhüllen, ihn ganz mit deiner Liebe zu umfangen Falls dir das nicht gelingt, verurteile dich nicht ...

Schließe nun in deine Liebe auch die Tiere ein: Du siehst einen kleinen Vogel   ein zarter, kleiner Federball ... einen Hund mit seinem treuen, tiefen Blick ... ein Pferd in seiner ganzen Kraft und Anmut ... vielleicht ein anderes Tier, das dir nahesteht ... Versuche nun, möglichst viele Tiere mit deiner Liebe zu umhüllen.

Schließe auch die Pflanzen in deine Liebe ein: ein zartgrünes Moos am Wegesrand ... eine fein-duftende Rose ... ein alter, majestätischer Baum ... Umhülle auch diese Wesen mit deiner Liebe. Versuche nun, möglichst viele Pflanzen mit deiner Liebe einzuhüllen ...

Fantastisch-schöne Landschaften tauchen nun vor deinem inneren Auge auf: Berge ... Flüsse ... Täler ... Wälder ... Inseln ... weite Ebenen ... und Meere ... Suche dir einen Ort aus und lass deine Liebe auch hierher fließen, umfange ihn mit deinem Herzen ...

Die Erde, vom Weltraum aus gesehen: Eine leuchtend-blaue Kugel mit einem zarten Rand aus Licht. Ein Inbegriff von Schönheit ... göttlich ... deine Heimat, die Heimat aller Menschen, die Heimat aller Tiere und Pflanzen .... Umfange auch diesen wunderschönen Planeten mit deiner Liebe, mit deinem weiten Herzen...//

Abschluss-Zitat

*Sein Lachen der Schönheit
bricht im Grün der Bäume hervor.
Seine Momente der Schönheit
triumphieren in einer Blume.
Der Gesang der blauen See
und des Bächleins wandernde Stimme
Sind aus des Ew'gen Harfe fallende Flüsterlaute.
Diese Welt ist Gott, im Äußeren erfüllt.*

Sri Aurobindo
in seinem Gedicht-Epos *Savitri*

Ziel dieser Mediation ist das tiefere Wahrnehmen der Schönheit dieser Welt und das Einüben von Mitgefühl/Empathie für alle Wesen. Schönheit ist ohne das Gute und Wahre nicht denkbar. Die Fähigkeit zur Empathie ist uns angeboren.

ZUSAMMENFASSUNG UND AUSBLICK

Yogapraxis beinhaltet die Ebenen
- ethisches Handeln in allen Lebensfeldern
- die körperliche Praxis
- den Umgang mit Gefühlen bzw. Emotionen
- die Schulung des Mentals/Verstandes

Yogapraxis ist hilfreich im Hinblick auf
- die körperliche, emotionale und mentale Gesundheit
- die Konzentrationsfähigkeit
- die Förderung von Mitgefühl/Empathie
- die Steigerung von Resilienz

Yogapraxis ist zudem
- grundsätzlich für jedefrau und jedermann leicht praktizierbar
- durch die Vielzahl der Yogalehrenden und Studios praktisch überall erlernbar
- ohne großen Aufwand und sofort möglich
- in der Mitte Gesellschaft angekommen

Wenn man davon ausgeht, dass allein in Deutschland ca. 50 000 Yogalehrende tätig sind, dann sind hochgerechnet Millionen Deutsche mit Yoga regelmäßig in Kontakt. Die leichte Erlernbarkeit und die ganzheitliche Wirkung von Yoga bieten somit ein großes Potential für individuelle und kollektive Veränderungen. Und Gesellschaftlicher Zusammenhalt auf der Grundlage von Empathie/Mitgefühl ist die perfekte Medizin gegen den ellenbogenorientierten Neoliberalismus. Ein weithin praktizierter „Yoga for Future" hat das Potential, die notwendigen Schritte hin zu einer nachhaltigen und gerechten Welt wirksam zu unterstützen. Yogapraxis fördert den Mut, die Überzeugung und Kraft, das Notwendige zum Wohle *aller* zu tun.

Vielleicht bietet die Corona-Krise uns die Chance, bisher kaum hinterfragte ökonomische und gesellschaftspolitische Muster und Dogmen auf den Prüfstand zu stellen und hinzuspüren, was uns wirklich wichtig und wertvoll ist. Die Welt wird nach diesem globalen Shutdown anders aussehen. Wir werden neue Modelle des Miteinanders finden müssen – ob diese dann mitfühlender und nachhaltiger oder egoistischer und zerstörerischer sind, liegt an uns. Dieser weltweite, politische Systeme übergreifende Stillstand großer Teile des wirtschaftlichen, kulturellen und öffentlichen Lebens als Schutz für die gesundheitlich Schwachen und alten Menschen ist in erst einmal ein völlig neues Ereignis in der Geschichte der Menschheit und gründet sich in einer zutiefst menschlichen Ethik. Das macht Hoffnung.

Eines steht heute schon fest: Eine auf Kooperation und Mitgefühl ausgerichtete Gesellschaft wird wirksamer und nachhaltiger auf die immensen individuellen und kollektiven essentiellen Herausforderungen des 21. Jahrhundert reagieren können.

Wie dem auch sei:

Yoga goes Future.

ANMERKUNGEN

1 Resilienz (von lateinisch resilire ,zurückspringen'
,abprallen') oder psychische Widerstandsfähigkeit
ist die Fähigkeit, Krisen zu bewältigen und sie durch
Rückgriff auf persönliche und sozial vermittelte
Ressourcen als Anlass für Entwicklungen zu nutzen
(aus: wikipedia).

2 Mental (Substantiv) im Sinne von den Verstand/In-
tellekt betreffend.

3 Spiritualität ist hier nicht mit Religiosität gleichzu-
setzen. Religiosität gibt immer einen bestimmten
Rahmen vor, in dem die Praxis geschehen soll. Spi-
ritualität meint hier jedoch (auch) den religiösen
Rahmen überschreitende „Sinn-Suche" oder „Ego-
Transformation". Spirituelle Praxis ist damit auch
Agnostikern und Atheisten möglich.

4 Bettina Bäumer (Hrsg.), Patanjali, Die Wurzeln des
Yoga, O.W. Barth 1993

5 Strukturelle Gewalt bezeichnet die Vorstellung,
dass Gewaltförmigkeit auch staatlichen bzw. gesellschaftlichen Strukturen inhärent sei – in Er-
gänzung zum klassischen Gewaltbegriff, der einen
unmittelbaren personalen Akteur annimmt. In be-
sonderer Weise formulierte der norwegische Frie-
densforscher Johan Galtung ab 1971 eine solche
Theorie. Beispiele für strukturelle Gewalt im Sinne
Galtungs sind Altersdiskriminierung, Klassismus,

Elitarismus, Ethnozentrismus, Nationalismus, Spe-
ziesismus, Rassismus und Sexismus. (wikipedia)

6   Vgl. Frankfurter Rundschau, Leitartikel „Die Falsche
Sprache" v. 04.09.2019

7   Z.B. bei extinctionrebellion.de/og/igyogis/, yoga-for-
future.de, change.org oder amnesty.de

8   Bezeichnenderweise ist erste Forderung aus dem
Forderungskatalog von Extenction Rebellion „Sagt
die Wahrheit!".

9   Wie sich in der Corona-Krise zeigte, fällt der Mensch
jedoch leicht in den archaischen, heutzutage jedoch
weitestgehend irrationalen Vorratshaltungs-Modus
zurück.

10 Vgl. auch: Hardy Fürch, Wie Green Yoga die Welt
verändert, Phänomen-Verlag 2009, S. 56 - 57

11 Veröffentlichung des Max-Planck-Institutes Leipzig:
https://www.mpg.de/11496811/mentales-training-
fuer-empathie-gegen-stress

12 An dieser Stelle noch eine allgemeine Anmerkung
zur Asana-Praxis: Asana-Praxis führt auf körperlicher Ebene in der Regel nicht zu „Ausdauer".
Körper-Ausdauer ist jedoch wichtig, um – nicht
nur physisch – besser und länger gesund zu bleiben. Hier empfehle ich als leicht ausführbares und
schnell wirksames Training Joggen oder Radfah-
ren.

13 Vgl. Anapanasati Sutta

14 Pranayama, Studienbegleitheft des BDY, Auflage
2004, S. 27

15 a.a.O.

16 Vgl. William J. Broad, The Science of Yoga, Herder 2012, S. 139

17 a.a.O.

18 Aus ethischer Sicht halte ich es für bedeutend, dass wir alle diese Bereiche bis hin zu einer rudimentären Selbstreflexion auch schon bei bestimmten Tierarten wie Rabenvögel, einigen Papageienarten, Primaten, Oktopussen oder bestimmten Fischarten vorfinden. „Krishna (das allumfassend Göttliche) wohnt im Herzen aller Wesen", sagt auch die Bhagavadgita (XVIII,61).

19 Thomas Kaspar in der Frankfurter Rundschau vom 28./29.03.2020, Artikel „Urlaub ist überall"

20 Im aufgerichteten Sitz Hände ineinander verschränken und die Handinnenseiten an die Hinterkopfrundung legen, Scheitelpunkt Richtung Decke ausrichten, langsam die Ellenbogen nach hinten nehmen und die Achselhöhlen „öffnen". Die Bauchdecke entspannen und den Atem tief fließen lassen. Dabei darauf achten, dass keine Hyperlordose (sog. Hohlkreuz) im LWS-Bereich entsteht.

21 Dazu der tantrische Text Vijnana Bhairava, Vers. 64: Der Yogi, der beim Zusammentreffen der beiden Atemzüge seine Aufmerksamkeit nach innen (auf das Herz) richtet (...), erlangt Anteil am Aufsteigen des Einheitsbewusstseins. Aus: Bettina Bäumer, Vijnana Bhairava, Edition Adyar 2003, S. 117

BISHER VOM AUTOR ERSCHIENEN

Leopold Walter (Pseudonym),
Das Un-Denkbare tun,
BoD 2004

Leopold Walter,
Der Omega-Punkt,
BoD 2005

Hardy Fürch,
Von Mangos und anderen Früchten,
Phänomen 2007

Hardy Fürch,
Wie Green Yoga die Welt verändert,
Phänomen 2009

Hardy Fürch,
Yoga und die Transformation der Gesellschaft,
Via Nova 2015

Kontaktdaten:

Hardy Fürch
Odenthaler Str. 401
51069 Köln

www.yogaraum-koeln.de